ARCHANGES DE L'ÉTERNEL

Invoquez le Pouvoir des Messagers Divins

PROTÉGEZ-MOI

SOMMAIRE

INTRODUCTION

Au fil des siècles, la spiritualité chrétienne s'est enrichie d'une multitude de traditions. Riche en traditions et en symboles, elle a toujours été marquée par la présence des archanges. Ces êtres célestes jouent un rôle essentiel dans l'imaginaire spirituel des fidèles, leur offrant soutien et inspiration. En tant que messagers et serviteurs de Dieu, les archanges sont révérés pour leur sagesse, leur puissance et leur dévouement à la cause divine. Les croyants sollicitent leur intercession dans diverses situations de la vie, percevant leur présence comme une source de réconfort et de protection.

Cet ouvrage vise à rassembler et présenter une sélection de prières et de textes dédiés aux archanges, mettant en lumière leur rôle et leur importance dans la vie spirituelle des chrétiens. Il s'adresse à tous ceux qui cherchent à approfondir leur relation avec ces êtres de lumière et à bénéficier de leur aide et de leur guidance dans les différents aspects de leur existence.

Dans ce livre, nous nous concentrerons sur trois archanges particulièrement vénérés et connus dans la tradition chrétienne : Michael, Gabriel et Raphaël. Chacun d'entre eux possède des attributs, des fonctions et des domaines d'intervention spécifiques qui reflètent leur essence divine et leur mission céleste.

Le parcours spirituel de chaque individu est unique, et les archanges peuvent accompagner les croyants dans leur quête de croissance, de guérison et de transformation. Leurs présences bienveillantes sont là pour nous rappeler l'amour de Dieu, pour nous aider à surmonter les obstacles et pour nous guider vers un avenir meilleur.

Dans la première partie de ce livre, nous explorerons les prières et les méditations dédiées à l'archange Michael. Sa présence puissante est une source de courage et de protection pour les croyants, les aidant à surmonter les défis et les tentations auxquels ils sont confrontés.

Ensuite, nous découvrirons les prières dédiées à l'archange Raphaël, le guérisseur divin. Sa présence apporte la guérison, la consolation et la restauration à ceux qui sont blessés ou qui souffrent, tant sur le plan physique que spirituel.

Enfin, nous nous tournerons vers l'archange Gabriel, dont l'essence est intimement liée à la communication, à la révélation et à l'annonce des mystères divins. Les prières et les réflexions associées à Gabriel nous aident à percevoir la voix de Dieu dans notre vie et à partager notre foi avec les autres.

Ce livre est un recueil de prières et de textes pour vous accompagner dans votre cheminement spirituel, en vous aidant à établir une connexion profonde et significative avec ces êtres célestes. Puisse ce recueil vous inspirer, vous soutenir et vous guider dans votre quête de croissance et d'épanouissement spirituel, en vous rapprochant toujours plus de l'amour et de la lumière de Dieu.

Ainsi, ensemble, nous pourrons puiser dans la sagesse, la compassion et la force des archanges pour enrichir notre vie spirituelle et naviguer avec confiance sur le chemin qui nous mène vers la réalisation de notre véritable potentiel en tant qu'enfants de Dieu.

Chaque section de cet ouvrage est conçue pour vous offrir des outils et des ressources pour approfondir votre compréhension et votre relation avec chacun de ces archanges. À travers la prière, la méditation et la contemplation, vous pourrez explorer les dimensions spirituelles de leur présence et de leur action dans votre vie, et découvrir comment elles peuvent vous aider à surmonter les défis, à épanouir vos dons et à vivre en harmonie avec les lois divines et les principes universels.

Il est important de se rappeler que les archanges sont des êtres de lumière et d'amour, et qu'ils sont toujours prêts à nous assister, à nous guider et à nous inspirer, si nous les sollicitons avec foi, humilité et sincérité. En développant une relation intime et authentique avec les archanges, nous ouvrons notre cœur et notre esprit à la grâce divine et aux bénédictions qui découlent de cette communion spirituelle.

Nous vous encourageons à aborder ce livre avec un esprit ouvert et curieux, en laissant la sagesse et la beauté des prières et des textes vous toucher et vous transformer de l'intérieur. N'hésitez pas à adapter et à personnaliser les prières selon vos besoins, vos aspirations et votre sensibilité spirituelle, en gardant à l'esprit que le but ultime est de vous rapprocher de Dieu et de vous aligner sur Sa volonté et Son dessein pour votre vie.

Puisse cet ouvrage vous accompagner dans votre quête de lumière, de paix et de joie, et vous aider à tisser des liens solides et durables avec les archanges, ces guides spirituels et inspirations pour les croyants. Que leur présence éclaire votre chemin, fortifie votre foi et éveille en vous le désir ardent de vous consacrer pleinement à l'amour et au service de Dieu et de vos frères et sœurs en humanité.

Que la grâce et la bénédiction des archanges soient avec vous, aujourd'hui et toujours, et qu'elles vous conduisent vers la réalisation de votre destinée spirituelle, en accord avec le plan divin et la promesse d'une vie éternelle dans la présence et la gloire de Dieu.

Ainsi soit-il.

PROTÉGEZ-MOI

CHAPITRE 1

Les archanges dans les récits bibliques

Les archanges Michael, Gabriel et Raphaël occupent une place importante dans les récits bibliques, agissant en tant que messagers et serviteurs de Dieu. Leurs apparitions et interventions tout au long de la Bible témoignent de leur rôle crucial dans l'histoire du salut et leur relation étroite avec les croyants. Dans ce chapitre, nous explorerons les épisodes les plus marquants de la Bible impliquant ces trois archanges et leur signification dans le contexte de notre foi.

- **L'archange Michael**
L'archange Michael est mentionné plusieurs fois dans la Bible, principalement en tant que protecteur du peuple de Dieu et combattant contre les forces du mal. Son nom signifie "Qui est comme Dieu ?" et il est souvent représenté comme un guerrier céleste brandissant une épée.
Dans le livre de Daniel (10:13), Michael est décrit comme le "grand prince" qui soutient et protège le peuple d'Israël. Lorsque Daniel prie pour obtenir une vision de l'avenir, Michael intervient pour l'aider, en combattant les forces opposées.
Dans l'Apocalypse de Jean (12:7-9), Michael et ses anges sont décrits comme combattant et vainquant Satan et ses anges déchus lors d'une guerre céleste. Cette victoire de Michael symbolise la lutte perpétuelle entre le bien et le mal et la protection divine offerte aux croyants.

- **L'archange Gabriel**

L'archange Gabriel est le messager de Dieu par excellence, apportant des révélations importantes aux croyants. Son nom signifie "la force de Dieu" et il est souvent représenté tenant un sceptre ou une branche de lys, symbole de pureté.

Dans l'Ancien Testament, Gabriel apparaît à Daniel (8:16 et 9:21-27) pour lui expliquer des visions prophétiques concernant l'avenir du peuple juif et la venue du Messie. Ces récits mettent en évidence le rôle de Gabriel comme interprète des mystères divins et guide pour ceux qui cherchent la vérité.

Dans le Nouveau Testament, Gabriel joue un rôle central dans l'Annonciation (Luc 1:26-38), où il informe la Vierge Marie qu'elle a été choisie pour donner naissance au fils de Dieu. Cette annonce bouleversante souligne l'importance de la mission de Gabriel et sa participation directe dans le plan divin du salut.

Plus tard, Gabriel apparaît également à Zacharie (Luc 1:11-20) pour annoncer la naissance de Jean le Baptiste, qui préparera le chemin pour Jésus. Cette intervention de Gabriel montre son implication continue dans l'accomplissement des prophéties et la réalisation du dessein divin.

- **L'archange Raphaël**

L'archange Raphaël est étroitement associé à la guérison et à la protection, son nom signifiant "Dieu guérit" ou "Dieu qui guérit". Bien qu'il n'apparaisse pas directement dans les textes canoniques de l'Ancien et du Nouveau Testament, Raphaël joue un rôle central dans le livre de Tobie, qui fait partie des écrits deutérocanoniques reconnus par l'Église catholique et les Églises orthodoxes.

Dans le livre de Tobie, Raphaël accompagne le jeune Tobie dans un voyage périlleux pour récupérer une dette familiale. Tout au long du voyage, Raphaël guide et protège Tobie, tout en lui enseignant des leçons précieuses sur la foi, la prière et la charité. À la fin de l'histoire, Raphaël révèle sa véritable identité d'archange et explique que sa mission était d'aider Tobie et sa famille à surmonter leurs épreuves et à recevoir la bénédiction divine.

Ce récit de Raphaël met en lumière le rôle des archanges comme guides et protecteurs des croyants, intervenant dans nos vies de manière souvent invisible, mais néanmoins puissante, pour nous aider à accomplir notre mission spirituelle et à grandir dans la foi.

• Conclusion

Les récits bibliques impliquant les archanges Michael, Gabriel et Raphaël nous offrent une compréhension profonde de leur rôle et de leur importance dans l'histoire du salut et la vie des croyants. Ces épisodes montrent que les archanges sont des serviteurs dévoués de Dieu, prêts à intervenir dans nos vies pour nous protéger, nous guider et nous aider à grandir spirituellement.

En méditant sur ces récits et en invoquant les archanges dans nos prières, nous pouvons renforcer notre relation avec eux et nous ouvrir à leur aide divine. En fin de compte, les archanges sont des modèles d'amour, de service et de dévouement à Dieu, nous invitant à suivre leur exemple et à vivre pleinement notre foi.

CHAPITRE 2

Les enseignements des archanges

Les archanges Michael, Gabriel et Raphaël, en tant que messagers de Dieu, sont porteurs de sagesse divine et de conseils précieux pour nous aider à traverser les défis de la vie et à vivre une existence alignée sur notre mission d'âme. Leurs enseignements sont issus de la Parole de Dieu, des récits bibliques, des visions et des expériences des saints, ainsi que des intuitions et des messages reçus par des croyants au fil des siècles. Dans ce chapitre, nous explorerons les enseignements clés des trois archanges pour mieux comprendre comment ils peuvent nous guider sur le chemin de la croissance spirituelle et de l'épanouissement personnel.

L'archange Michael : Le guerrier spirituel et le protecteur

Les enseignements de l'archange Michael mettent l'accent sur la nécessité de se protéger contre les forces du mal, de se tenir fermement dans la foi et de lutter pour la justice et la vérité. En tant que guerrier céleste, Michael nous appelle à revêtir l'armure de Dieu et à résister aux tentations et aux attaques spirituelles qui menacent notre relation avec le Divin. Voici quelques-unes des leçons importantes que l'archange Michael peut nous enseigner :

- La protection spirituelle : Michael nous rappelle l'importance de la prière, de la méditation et de l'utilisation de symboles sacrés (tels que les médailles, les scapulaires et les crucifix) pour nous protéger des influences négatives et renforcer notre connexion avec Dieu.

- La persévérance dans la foi : Michael nous exhorte à rester fidèles à nos convictions, même face à l'adversité et aux épreuves, et à chercher toujours à grandir dans notre relation avec Dieu.
- La défense de la justice et de la vérité : En tant que guerrier céleste, Michael nous encourage à lutter pour la justice et la vérité dans notre vie quotidienne, en défendant les opprimés et en s'opposant aux mensonges et aux tromperies.

L'archange Gabriel : Le messager et le communicateur

Les enseignements de l'archange Gabriel sont centrés sur la communication, la révélation de la vérité et l'écoute attentive de la voix de Dieu dans notre vie. En tant que messager divin, Gabriel nous aide à discerner la volonté de Dieu pour notre vie et à développer notre capacité à exprimer notre vérité avec clarté et compassion. Voici quelques-unes des leçons clés que l'archange Gabriel peut nous enseigner :

- L'écoute attentive : Gabriel nous invite à cultiver notre capacité à écouter attentivement la voix de Dieu dans notre vie, que ce soit à travers la lecture de la Bible, la prière, la méditation ou l'observation des signes et des synchronicités qui se présentent à nous.
- La communication authentique : En tant que messager divin, Gabriel nous apprend l'importance d'exprimer notre vérité avec intégrité, honnêteté et amour, afin de créer des relations authentiques et profondes avec les autres et avec le Divin.
- L'ouverture à la révélation : Gabriel nous encourage à rester ouverts à la révélation divine et à accueillir avec humilité et gratitude les messages et les enseignements que Dieu souhaite nous transmettre à travers les expériences de notre vie et les rencontres avec les autres.

L'archange Raphaël : Le guérisseur et le guide

Les enseignements de l'archange Raphaël concernent la guérison, la croissance personnelle et le soutien divin dans notre quête de bien-être et d'épanouissement. En tant que guérisseur céleste, Raphaël nous offre des conseils précieux pour prendre soin de notre corps, de notre esprit et de notre âme et pour surmonter les obstacles qui entravent notre développement spirituel. Voici quelques-unes des leçons importantes que l'archange Raphaël peut nous enseigner :

- La guérison holistique : Raphaël nous rappelle que la guérison doit être envisagée de manière holistique, en prenant en compte tous les aspects de notre être : physique, mental, émotionnel et spirituel. Il nous encourage à rechercher et à mettre en pratique des méthodes de guérison naturelles et spirituelles pour favoriser notre bien-être général.

- La connexion avec la nature : En tant que guérisseur, Raphaël nous invite à nous reconnecter avec la nature et à puiser dans les ressources et les énergies qu'elle nous offre pour soutenir notre processus de guérison et de croissance personnelle.

- Le soutien divin : Raphaël nous enseigne que nous ne sommes jamais seuls dans notre quête de guérison et d'épanouissement, et que Dieu nous soutient toujours à travers l'aide et l'assistance des anges et des archanges. Il nous exhorte à invoquer leur aide et à rester ouverts à leur guidance et à leur présence dans notre vie.

En résumé, les enseignements des archanges Michael, Gabriel et Raphaël offrent une sagesse précieuse et des conseils pratiques pour nous aider à naviguer dans les défis de la vie et à vivre une existence alignée sur notre mission d'âme. En intégrant ces enseignements dans notre vie quotidienne, en nous ouvrant à leur guidance et en cultivant une relation profonde et authentique avec eux, nous pouvons progresser sur notre chemin spirituel et atteindre un plus grand épanouissement et une connexion plus étroite avec le Divin.

Chacun de ces archanges nous apporte une perspective unique et des conseils adaptés à nos besoins individuels et collectifs. En étudiant leurs enseignements, en méditant sur leurs messages et en les invoquant dans nos prières, nous pouvons bénéficier de leur présence aimante et de leur soutien inestimable dans notre croissance spirituelle.

Pour approfondir notre compréhension des enseignements des archanges et les intégrer dans notre vie, il est important de pratiquer régulièrement la prière, la méditation et l'étude des textes sacrés. De plus, il peut être utile de participer à des groupes de soutien spirituel, des ateliers et des retraites pour partager nos expériences, nos découvertes et nos apprentissages avec d'autres personnes sur le même chemin.

En définitive, les enseignements des archanges Michael, Gabriel et Raphaël nous offrent un précieux soutien pour nous aider à traverser les défis de la vie, à grandir spirituellement et à vivre une vie plus épanouissante et alignée sur notre âme. En nous ouvrant à leur sagesse, leur amour et leur guidance, nous pouvons progresser sur notre chemin vers une connexion plus profonde et plus authentique avec le Divin et avec nous-mêmes.

CHAPITRE 3

Présentation et prières

L'ARCHANGE MICHAEL

L'archange Michael est l'un des personnages les plus vénérés et respectés dans la tradition chrétienne. En tant que guerrier céleste et protecteur de l'humanité, il est souvent invoqué pour la protection, la force et la guidance spirituelle. Cette introduction abordera les aspects les plus significatifs de l'archange Michael dans la tradition chrétienne, afin de fournir un contexte et une compréhension approfondis de sa place dans la foi chrétienne.

Michael est mentionné dans plusieurs textes bibliques, notamment dans le livre de Daniel, l'Épître de Jude et l'Apocalypse de Jean. Dans l'Ancien Testament, il est décrit comme un "grand prince" qui se lève pour défendre les enfants d'Israël (Daniel 12:1). Dans l'Épître de Jude, il est mentionné en tant que chef des anges qui a disputé le corps de Moïse avec le diable (Jude 1:9). Enfin, dans l'Apocalypse de Jean, il est décrit comme le chef des armées angéliques qui combattent le dragon et ses forces démoniaques (Apocalypse 12:7-9).

Le nom "Michael" signifie "qui est comme Dieu" en hébreu, ce qui reflète sa position élevée parmi les anges et sa proximité avec le Tout-Puissant. Dans la tradition chrétienne, Michael est considéré comme l'un des sept archanges, bien qu'il soit souvent considéré comme le plus important et le plus puissant d'entre eux.

Dans l'art chrétien, l'archange Michael est souvent représenté comme un guerrier céleste vêtu d'une armure, brandissant une épée ou une lance, et tenant un bouclier. Il est parfois représenté en train de terrasser un dragon ou un démon, symbolisant sa victoire sur le mal et les forces démoniaques. Cette représentation souligne la nature combative de Michael et son rôle de protecteur et de défenseur de la foi chrétienne.

Le culte de l'archange Michael remonte aux premiers siècles du christianisme, et sa popularité s'est étendue à travers l'Empire romain et au-delà. De nombreuses églises et sanctuaires dédiés à Michael ont été construits dans toute la chrétienté, et il est souvent associé à la protection des lieux saints et des communautés chrétiennes.

La fête de l'archange Michael, appelée la Saint-Michel, est célébrée le 29 septembre dans la tradition catholique romaine et le 8 novembre dans la tradition orthodoxe orientale. Cette fête est l'occasion de commémorer et de célébrer le rôle de Michael en tant que protecteur, guide et intercesseur pour les fidèles chrétiens.

L'archange Michael est également associé à la notion de guerre spirituelle, qui est un aspect central de la foi chrétienne. La guerre spirituelle fait référence à la lutte entre les forces du bien et du mal, entre Dieu et Satan, pour le salut des âmes humaines. En tant que chef des armées célestes, Michael est considéré comme un modèle de force, de courage et de détermination face aux forces du mal et aux tentations du monde.

Dans la prière et la dévotion chrétienne, l'archange Michael est souvent invoqué pour protéger les fidèles des dangers physiques et spirituels. Il est considéré comme un protecteur des personnes et des lieux, ainsi que comme un guide pour ceux qui cherchent à progresser dans leur vie spirituelle. De nombreuses prières et litanies lui sont dédiées, demandant son intercession et sa protection contre le mal, la peur et l'injustice.

En plus de son rôle de protecteur et de guerrier céleste, l'archange Michael est également associé à la justice divine et au jugement dernier. Dans certaines traditions chrétiennes, il est considéré comme le "pesant" des âmes lors du jugement dernier, séparant les justes des pécheurs et les conduisant à leur destination éternelle respective. À ce titre, il est souvent représenté tenant une balance dans l'art chrétien.

L'archange Michael est également considéré comme un guérisseur spirituel, capable d'apporter la guérison et le réconfort aux âmes troublées et aux cœurs brisés. Il est parfois invoqué pour aider à résoudre les conflits, à rétablir l'harmonie et à promouvoir la réconciliation entre les personnes en conflit. Son rôle de guérisseur spirituel est étroitement lié à sa mission de protéger et de guider les fidèles dans leur chemin de foi et de croissance spirituelle.

De nombreux récits et témoignages de l'archange Michael décrivent des expériences de protection miraculeuse, de guérison et de guidance spirituelle attribuées à son intercession. Ces histoires servent à renforcer la foi des croyants en la présence et l'action de Michael dans leur vie quotidienne, ainsi qu'à encourager la dévotion et la confiance envers cet archange puissant et bienveillant.

En résumé, l'archange Michael occupe une place centrale dans la tradition chrétienne en tant que protecteur, guerrier, guide et intercesseur pour les fidèles. Sa présence et son action dans la vie des croyants sont une source de réconfort, de force et d'inspiration, et son culte continue de prospérer dans le monde chrétien d'aujourd'hui. Cette introduction a pour but d'éclairer les aspects les plus pertinents et utiles de l'archange Michael, afin de préparer le lecteur à approfondir sa connaissance et sa dévotion à ce personnage céleste bien-aimé et puissant.

Dans ce chapitre consacré à l'archange Michael, nous explorerons en profondeur les différentes facettes de son rôle et de sa signification dans la tradition chrétienne, ainsi que les nombreuses façons dont les croyants peuvent invoquer et honorer cet archange exceptionnel. Des prières et des méditations spécifiques seront présentées, ainsi que des conseils pour intégrer la dévotion à Michael dans la vie spirituelle quotidienne. Enfin, nous explorerons les nombreuses façons dont l'archange Michael peut nous aider à surmonter les défis de la vie, à grandir dans la foi et à vivre en accord avec la volonté divine pour notre bien-être et celui de notre monde.

Le rempart angélique
Invocation protectrice

Ô glorieux archange Michael,

Protecteur céleste et défenseur des âmes, nous sollicitons ta bienveillance en cette journée pour nous préserver des forces obscures et maléfiques.

Incarne ce rempart spirituel qui protège les innocents et veille sur la justice.

Enveloppe-nous de ton armure resplendissante pour nous prémunir des dangers et des menaces pesant sur notre bien-être et notre tranquillité d'esprit.

Repousse de notre chemin les influences néfastes, les tentations sournoises et les embûches qui risquent de nous égarer loin du Seigneur.

Archange Michael, fais don de la sagesse pour démêler les mensonges et les illusions, et offre-nous la force de tenir tête aux assauts du mal.

Que nous soyons des témoins intrépides de l'amour divin et de la lumière de Dieu, prêts à combattre les ombres et à annoncer la victoire du bien sur le mal.

Par ton intercession et ta protection, guide-nous vers la gloire éternelle en toute sécurité.

Amen.

L'audace sacrée
Supplique pour la bravoure

Archange Michael,

Combattant céleste et courageux défenseur, nous nous adressons à toi
pour solliciter ton aide et ton appui dans notre quête
d'audace et de courage.

Face aux défis et aux épreuves de cette époque troublée, il est parfois
ardu de tenir bon.

Nous t'en conjurons, accorde-nous la force et l'audace nécessaires pour
affronter nos craintes et prendre nos responsabilités avec
détermination et hardiesse.

Soutiens-nous dans notre recherche de conviction et de persévérance
pour défendre ce qui est juste et honorable, même lorsque cela peut
paraître impopulaire ou périlleux.

Archange Michael, rends-nous témoins vaillants de l'amour divin et de
la compassion de Dieu, prêts à défendre la justice et la vérité.

Par ton intercession et ta guidance, apprends-nous à marcher avec
fierté et assurance sur le chemin de l'intégrité et de la foi.

Amen.

Bouclier de Lumière

Invocation pour une protection angélique

Archange Michael,

Défenseur céleste et sauveur des âmes, nous t'appelons en ce jour pour solliciter ta garde face aux forces obscures et malveillantes.

Tu représentes le bouclier lumineux qui protège les innocents et préserve l'équité.

Nous sollicitons ton armure puissante pour nous entourer, nous gardant à l'abri des dangers et menaces qui mettent en péril notre sérénité et notre bien-être.

Repousse les influences néfastes, les tentations et les illusions susceptibles de nous éloigner du chemin divin.

Archange Michael, accorde-nous la perspicacité pour distinguer les mensonges et les illusions, et la ténacité pour résister aux attaques du mal.

Transforme-nous en témoins audacieux de l'amour et de la clarté divine, prêts à combattre les ombres et à proclamer le triomphe du bien sur le mal.

Par ton intercession et ta défense, puissions-nous avancer en toute sécurité vers la gloire éternelle.

Amen.

Coeur Vaillant Céleste
Invocation de bravoure

Archange Michael,

Combattant céleste et protecteur inébranlable, nous nous tournons vers toi pour obtenir ton aide et ton accompagnement dans notre quête de bravoure et de courage.

Dans ces moments de doute, il est souvent difficile de rester fort face aux défis et aux obstacles.

Nous te prions de nous offrir la force et le courage indispensables pour affronter nos craintes et assumer nos devoirs avec résolution et hardiesse.

Guide-nous pour que nous puissions trouver la détermination et la constance nécessaires pour soutenir ce qui est juste et noble, même lorsque cela peut sembler impopulaire ou dangereux.

Archange Michael,

Transforme-nous en témoins courageux de l'amour divin et de la sollicitude, prêts à défendre la justice et la vérité.

Grâce à ton intercession et à ton leadership, puissions-nous progresser avec confiance et dignité sur le chemin de l'intégrité et de la foi.

Amen.

L'oasis de Tranquillité
Un pèlerinage vers la paix intérieure

Archange Michael,

Sentinelle divine et protecteur des âmes, c'est vers toi que nous nous tournons dans notre quête de paix intérieure et de tranquillité. Dans ce monde chaotique et en perpétuel mouvement, il est souvent compliqué de trouver le repos et la quiétude nécessaires pour nourrir notre esprit et notre cœur. Nous te supplions de nous offrir la paix et la sérénité indispensables pour vivre en harmonie avec nous-mêmes et avec les autres.

Guide-nous pour que nous puissions cultiver la compassion et l'empathie, de manière à devenir des instruments de paix et d'amour dans notre monde. Archange Michael, fais de nous des miroirs de la paix divine, irradiant de calme et de sérénité, prêts à apaiser les tensions et à diffuser l'harmonie autour de nous.

Par ton intercession et ton soutien, puissions-nous devenir des exemples vivants de la paix et de la tranquillité célestes. Aide-nous à nous détourner des distractions et des tentations de ce monde afin de nous recentrer sur notre véritable objectif : la paix intérieure. Accorde-nous la sagesse et la clarté nécessaires pour discerner ce qui est essentiel de ce qui est superficiel.

Archange Michael,

Enseigne-nous à faire preuve de patience et de persévérance face aux défis de la vie, et à chercher la paix intérieure en nous connectant à la source divine. Par ta grâce et ton amour, puissions-nous trouver l'équilibre et la sérénité dont nous avons tant besoin.

Amen.

Louange Céleste

Action de grâce à l'Archange Michael pour sa protection et sa guidance

Archange Michael,
Gardien infatigable et guide divin, nous exprimons notre gratitude pour ton engagement et ta protection constante. Tu as toujours été présent à nos côtés, luttant contre les forces du mal et nous soutenant dans nos moments de détresse et de vulnérabilité.
Nous te remercions pour ta présence rassurante et pour les nombreuses fois où tu nous as protégés, guidés et inspirés sur notre chemin de vie. Nous sommes sincèrement reconnaissants pour tout ce que tu as fait et continueras de faire pour nous et pour le monde entier.

Archange Michael,
Que notre gratitude emplisse nos cœurs et nos âmes, et que nous soyons toujours conscients de la bénédiction que représente ta présence dans nos vies. Par ton intercession et ton soutien, puissions-nous vivre dans la grâce et la reconnaissance, partageant notre gratitude avec les autres et répandant l'amour divin dans le monde.
Permets-nous de témoigner de ta grandeur et de ton amour à travers nos actions et nos paroles, afin que d'autres puissent également ressentir le réconfort et la force que tu procures. Apprends-nous à rester humbles et à reconnaître que tout ce que nous avons et tout ce que nous sommes vient de la grâce divine.

Archange Michael,
Aide-nous à exprimer notre gratitude non seulement par des mots, mais aussi par des actions concrètes et bienveillantes envers ceux qui nous entourent. En témoignant de notre gratitude, puissions-nous devenir des instruments d'amour et de compassion, inspirant et soutenant les autres
sur leur propre chemin spirituel.
Guide-nous afin que notre gratitude soit sincère et authentique, un reflet du don de l'amour divin que tu nous offres chaque jour. Archange Michael, nous te rendons grâce pour ta protection, ta guidance et ta présence constante dans nos vies. Puisse notre reconnaissance t'honorer et glorifier la grandeur de Dieu, notre Créateur, qui a envoyé un protecteur si fidèle et dévoué pour nous accompagner et nous soutenir.

Ainsi soit-il.

Brillance spirituelle

Une prière éloquente pour obtenir la clarté de l'Archange Michael

Archange Michael,

Guide lumineux de la sagesse et de la clarté, nous implorons humblement ton aide pour purifier notre esprit et discerner la vérité dans les situations complexes et trompeuses. Nous te demandons de nous accorder la perspicacité pour identifier les pensées et les croyances qui nous limitent, et la sagesse pour les remplacer par des perspectives éclairées et édifiantes.

Aide-nous à rester concentrés sur ce qui est essentiel et à éviter les diversions et les leurres susceptibles de nous égarer. Soutiens-nous dans notre quête de clarté et d'illumination, et guide-nous pour que nous puissions surmonter les obstacles qui se dressent sur notre chemin spirituel.

Archange Michael,

Fais de nous des témoins de la lumière et de la clarté divines, prêts à partager notre compréhension et notre discernement avec ceux qui en ont besoin. Inspire-nous pour que nous puissions devenir des exemples vivants de clarté et d'illumination spirituelle, et aide-nous à guider les autres vers la vérité et la sagesse.

Par ton intercession et ton accompagnement, puissions-nous avancer avec confiance et tranquillité sur la voie de la sagesse et de la vérité. Accorde-nous la grâce de percevoir la beauté et la complexité du monde qui nous entoure, et de demeurer toujours attentifs à la présence divine qui réside en nous et dans les autres.

Amen.

Sécurité et soutien pour les jeunes âmes

Une prière sincère pour la jeunesse auprès de l'Archange Michael

Archange Michael,

Protecteur céleste des enfants et des jeunes, nous te demandons de veiller sur notre jeunesse et de les préserver des dangers, qu'ils soient d'ordre physique, émotionnel ou spirituel. Donne-leur la force de résister aux tentations et aux influences négatives, et guide-les dans leur croissance et leur épanouissement en tant qu'enfants de Dieu. Accorde-leur la sagesse pour reconnaître et choisir le bien, et la force pour persévérer dans la foi et l'amour, même face à l'adversité. Aide-nous, en tant que parents, éducateurs et membres de la communauté, à soutenir et encourager notre jeunesse dans leur quête de sagesse, d'amour et de foi.

Archange Michael,

Fais de nous des témoins de la grâce et de la protection divines, prêts à défendre et protéger les jeunes âmes qui nous sont confiées. Accorde-nous la sagesse et la compassion nécessaires pour guider et soutenir les jeunes dans leurs défis quotidiens, et pour les encourager à réaliser leur potentiel divin. Par ton intercession et ton soutien, puissions-nous créer un monde où les enfants et les jeunes sont chéris, soutenus et guidés vers l'accomplissement de leur potentiel divin. Enseigne-nous à cultiver un esprit d'amour, de compassion et de responsabilité envers les jeunes, afin que nous puissions les aider à grandir dans la foi et la confiance en eux-mêmes. Que notre engagement envers leur bien-être et leur croissance spirituelle soit un témoignage de l'amour divin qui nous unit tous. Archange Michael, veille sur notre jeunesse et protège-les aujourd'hui et toujours.

Amen.

Résistance face aux épreuves

*Une prière profonde pour la force
et la persévérance*

Archange Michael,

Gardien de la pureté et de la vertu, nous te prions de nous aider à résister aux tentations et à demeurer fermes face aux épreuves qui menacent notre foi et notre intégrité. Accorde-nous la force de dire non aux tentations du monde et aux compromis qui pourraient affaiblir notre relation avec Dieu et avec nous-mêmes. Aide-nous à développer un esprit de discipline et de vigilance, afin que nous puissions protéger notre cœur et notre esprit des influences néfastes et des tentations qui cherchent à nous éloigner du chemin divin.

Archange Michael,

Fais de nous des témoins de la force et de la résistance divines, prêts à défendre notre foi et notre vertu avec courage et détermination. Accorde-nous la sagesse et l'endurance pour résister aux épreuves de la vie et pour surmonter les défis qui se dressent devant nous. Par ton intercession et ta protection, puissions-nous marcher avec assurance et dignité sur le chemin de la sainteté et de la fidélité.

Aide-nous à demeurer fermes dans notre foi et notre engagement envers Dieu, même lorsque nous sommes confrontés à des épreuves et des tentations. Apprends-nous à puiser dans la force divine qui réside en nous, afin que nous puissions résister aux tentations et demeurer fidèles à notre vocation. Archange Michael, accorde-nous la grâce de la persévérance et de la force intérieure, afin que nous puissions être des exemples vivants de courage et de dévouement pour les autres. En ton nom et par ta puissance, nous prions.

Amen.

La balance céleste
La prière pour l'équité à l'archange Michael

Archange Michael,

Défenseur de la justice et de l'équité, nous nous adressons à toi pour te demander d'intercéder en faveur de ceux qui sont victimes d'injustice et d'oppression.

Dans un monde où la justice semble parfois échapper à notre portée, nous te prions d'inspirer nos cœurs et nos esprits à œuvrer pour un monde plus juste et équitable.

Aide-nous à déceler les inégalités et les injustices qui se cachent autour de nous, et donne-nous le courage de prendre la parole et de défendre ceux qui en ont besoin.

Archange Michael, fais de nous des instruments de justice divine, prêts à lutter pour l'équité et la compassion dans nos communautés et notre société.

Par ton intercession et ton soutien, puissions-nous contribuer à créer un monde où la justice règne et où tous les enfants de Dieu sont traités avec dignité et respect.

Amen.

L'ARCHANGE RAPHAEL

L'archange Saint Raphaël est l'un des sept archanges majeurs de la tradition chrétienne, aux côtés de Michel et Gabriel. Son nom signifie "Dieu guérit" ou "Dieu qui guérit" en hébreu, et il est considéré comme le guérisseur divin et le protecteur des voyageurs, des médecins et des infirmières. Saint Raphaël est également invoqué pour aider à trouver l'amour et à établir des relations harmonieuses.

Origines et histoire : Les origines de l'archange Raphaël se trouvent dans la tradition juive, où il est mentionné dans le Livre de Tobie, l'un des livres deutérocanoniques de la Bible chrétienne. Le Livre de Tobie raconte l'histoire d'un homme pieux nommé Tobit et de son fils Tobias, qui rencontrent Raphaël sous la forme d'un être humain nommé Azarias. Raphaël accompagne Tobias dans un voyage périlleux pour recueillir une dette, l'aide à capturer un poisson dont les parties sont utilisées pour guérir l'aveuglement de Tobit et chasser un démon, et favorise le mariage de Tobias avec Sarah, une femme dont les précédents maris ont été tués par le démon Asmodée.

Dans la tradition chrétienne, Raphaël est également mentionné dans l'Apocalypse de l'apôtre Jean, où il est décrit comme l'un des sept anges qui se tiennent devant Dieu. Bien que son nom n'apparaisse pas explicitement dans le texte, la tradition chrétienne identifie souvent Raphaël comme l'un de ces sept anges.

Rôle et attributions : En tant qu'archange de la guérison, Raphaël est considéré comme le protecteur de ceux qui cherchent la guérison, que ce soit physique, émotionnelle ou spirituelle. Il est invoqué pour soulager la douleur, guérir les maladies et apporter réconfort et espoir aux malades et à leurs familles. Les médecins, les infirmières et autres professionnels de la santé prient également Raphaël pour recevoir la sagesse et la compétence nécessaires pour soigner leurs patients.

Raphaël est également associé à la protection des voyageurs, en raison de son rôle d'accompagnateur et de guide pour Tobias dans le Livre de Tobie. Les pèlerins, les touristes et les personnes entreprenant un voyage peuvent invoquer l'archange pour les protéger des dangers et leur fournir une orientation.

Dans le domaine des relations et de l'amour, Raphaël est souvent prié pour aider les personnes à trouver un partenaire compatible et pour les guider dans la construction d'une relation saine et épanouissante. Son rôle dans l'union de Tobias et Sarah souligne son pouvoir d'apporter l'amour et la bénédiction divine aux couples.

Iconographie et représentation : L'archange Raphaël est généralement représenté sous une forme angélique, avec des ailes, vêtu de vert, la couleur associée à la guérison et à l'espérance. Dans l'art chrétien, il est souvent représenté tenant un bâton de pèlerin et un poisson, en référence à son rôle dans le Livre de Tobie. Dans certaines représentations, Raphaël tient également une fiole ou un flacon contenant de l'huile de guérison, soulignant son association avec la guérison et la médecine.

Dans d'autres représentations artistiques, Raphaël est parfois accompagné de Tobie, soulignant leur relation et le rôle protecteur de l'archange. Raphaël peut également être représenté avec un caducée, symbole de la médecine et de la guérison, ou tenant une épée, en signe de protection.

Vénération et fêtes : La vénération de l'archange Raphaël remonte aux premiers siècles du christianisme, et il est considéré comme un saint dans les Églises catholique, orthodoxe et anglicane. Dans la tradition catholique, la fête de Saint Raphaël est célébrée le 29 septembre, en même temps que celles des archanges Michel et Gabriel, lors de la fête des saints archanges.

Les prières adressées à l'archange Raphaël sont souvent centrées sur la guérison, la protection et l'amour. Les fidèles peuvent invoquer l'aide de Raphaël pour surmonter les maladies, les blessures et les difficultés émotionnelles, pour protéger les voyageurs et les personnes en déplacement, et pour trouver l'amour et construire des relations saines.

Conclusion : L'archange Saint Raphaël est un personnage important de la tradition chrétienne, en tant que guérisseur divin et protecteur. Sa présence dans le Livre de Tobie et son association avec la guérison, la protection des voyageurs et l'amour en font un être de lumière et de réconfort pour les fidèles. Les prières et la vénération de l'archange Raphaël témoignent de son rôle essentiel dans la vie spirituelle des chrétiens et de son pouvoir d'apporter la guérison, l'espérance et la grâce divine à ceux qui cherchent son aide.

Guérison divine
Prière pour la guérison physique et spirituelle

Archange Raphaël,

Médecin céleste et guérisseur des âmes, nous te prions d'intervenir en faveur de ceux qui souffrent physiquement et spirituellement.

Accorde-leur ta guérison divine, afin qu'ils puissent retrouver la santé et la force nécessaires pour continuer leur cheminement sur cette terre.

Apporte également la guérison spirituelle à ceux qui souffrent intérieurement, en comblant leurs cœurs de paix, d'amour et de réconfort.

Aide-les à surmonter les obstacles qui entravent leur croissance spirituelle et à embrasser la lumière de Dieu.

Archange Raphaël,

Que ta présence réconfortante et ton pouvoir de guérison soient pour eux une source de force et d'espoir dans les moments difficiles.

Amen.

Voyageurs protégés
Sécurité et la guidance des voyageurs

Archange Raphaël,

Protecteur des voyageurs et guide sur les chemins tortueux, nous te prions d'accompagner et de protéger tous ceux qui sont en voyage, en particulier ceux qui cherchent la guérison physique, mentale ou spirituelle.

Accorde-leur ta protection divine et veille sur eux tout au long de leur périple, afin qu'ils atteignent leur destination sains et saufs.

Guide-les dans leurs démarches et leurs rencontres, pour qu'ils trouvent le soutien et les ressources dont ils ont besoin pour guérir et grandir.

Archange Raphaël,

Que ta présence rassurante et ton amour infini soient pour eux un havre de paix et de réconfort dans leur quête de guérison et de mieux-être.

Amen.

Soutien céleste

Force et l'encouragement en période difficile

Archange Raphaël,

Soutien et consolateur des âmes en détresse,

Nous te prions d'accorder ta force et ton encouragement à ceux qui traversent des moments difficiles.

Donne-leur la résilience et la persévérance nécessaires pour surmonter les épreuves et les tribulations de la vie.

Aide-les à voir la lumière au bout du tunnel et à comprendre que les difficultés sont souvent des opportunités de croissance et d'apprentissage.

Archange Raphaël,

Que ton amour et ta compassion soient pour eux un baume apaisant sur leurs blessures, les aidant à retrouver la joie et la sérénité.

Amen.

Harmonie familiale

L'aide dans les relations familiales et amicales

Archange Raphaël,

Expert en harmonie et en quiétude, nous venons à toi aujourd'hui pour te demander de remplir nos cœurs et nos esprits de la paix intérieure et de la lucidité nécessaires pour affronter et résoudre les conflits qui surgissent dans nos vies. Accorde-nous la patience, la sagesse et l'humilité pour écouter attentivement les autres, pour mieux comprendre leurs points de vue et pour pardonner sincèrement, afin que nous puissions rétablir l'équilibre, l'harmonie et la cohésion dans nos relations et notre environnement.

Aide-nous à reconnaître et à accepter nos propres imperfections et celles des autres, et à voir au-delà des différences superficielles pour saisir la véritable essence de chaque individu. Enseigne-nous à communiquer avec compassion et empathie, en choisissant des mots qui apaisent plutôt que des mots qui blessent, et en cherchant des solutions qui prennent en compte les besoins et les aspirations de toutes les parties concernées.

Archange Raphaël, puisses-tu nous guider à travers les moments difficiles, en nous montrant comment transformer les conflits en opportunités de croissance et d'apprentissage pour toutes les personnes impliquées. Fais de nous des instruments de paix, en nous aidant à répandre l'amour, la tolérance et la compréhension
dans notre entourage.

Aide-nous également à nous libérer des rancunes et des regrets du passé, afin que nous puissions avancer avec légèreté et sérénité, en étant pleinement présents à chaque instant de notre vie. Accorde-nous la force et la persévérance pour surmonter les défis qui se dressent sur notre chemin, en nous appuyant sur ta guidance
et ton soutien infaillibles.

Archange Raphaël, que ta présence bienveillante, ton amour réparateur et ta sagesse infinie nous guident et nous inspirent à chaque étape de notre quête de paix intérieure, de réconciliation et d'unité. Que ta lumière divine illumine notre chemin et éclaire notre esprit, afin que nous puissions devenir des exemples vivants de paix et d'harmonie pour ceux qui nous entourent.

Amen.

Éloigne les ténèbres

Protection contre les forces du mal et les tentations

Archange Raphaël,

Défenseur de la lumière et de la vérité, nous te prions de nous protéger des forces du mal, des tentations et des addictions qui cherchent à nous éloigner de la voie divine.

Accorde-nous la force et la détermination pour résister aux pièges et aux illusions du monde, afin de demeurer fermes dans notre foi et notre intégrité.

Aide-nous à cultiver un esprit de vigilance et de discernement, pour que nous puissions protéger notre cœur et notre âme des influences néfastes et des faux prophètes.

Archange Raphaël, que ta présence lumineuse et ton amour inébranlable soient pour nous une source d'inspiration et de courage dans notre lutte contre les ténèbres.

Amen.

Santé et bien-être épanouis

Protection contre les maladies grâce à l'intervention de l'Archange Raphaël

Archange Raphaël,

Vigilant gardien de notre santé et de notre bien-être, nous implorons ton aide pour nous protéger de toutes les afflictions physiques, psychologiques et émotionnelles susceptibles de perturber notre équilibre et notre joie de vivre. Octroie-nous la force intérieure et la résilience nécessaires pour affronter les défis de la vie et pour maintenir notre santé dans toutes les situations auxquelles nous sommes confrontés.

Guide-nous dans nos choix quotidiens, afin que nous puissions adopter un mode de vie sain et équilibré, en harmonie avec les lois de la nature et les principes divins. Ainsi, nous pourrons profiter d'une vie longue, heureuse et épanouissante. Inspire-nous à prendre soin de notre corps, en nous nourrissant de manière adéquate, en pratiquant régulièrement une activité physique et en nous reposant suffisamment. Aide-nous également à cultiver un esprit serein et une âme apaisée, en nous consacrant à la méditation, à la prière et à la contemplation.

Archange Raphaël, enseigne-nous à être attentifs aux signes et aux messages que notre corps nous envoie, afin que nous puissions agir rapidement pour prévenir ou guérir les déséquilibres et les maladies qui peuvent survenir. Accorde-nous la sagesse pour reconnaître les bienfaits des traitements naturels et holistiques, tout en acceptant l'aide de la médecine moderne lorsque cela est nécessaire.

Dans nos moments de vulnérabilité et de faiblesse, que ta présence guérisseuse et ton amour incommensurable nous enveloppent, nous soutiennent et nous réconfortent, nous offrant un bouclier protecteur contre les maux qui assaillent notre corps, notre esprit et notre âme. Que ton intervention bienveillante nous aide à surmonter les obstacles et à trouver la voie de la guérison, du rétablissement et de la pleine santé.

Archange Raphaël, nous te remercions pour ton soutien constant et ton amour inépuisable, qui sont pour nous une source d'espoir et d'inspiration dans notre quête de bien-être et de vitalité. Grâce à ton intercession, puissions-nous devenir des exemples vivants de santé et d'épanouissement pour tous ceux qui croisent notre chemin.

Amen.

Émerveillement divin
Louer et adorer la majesté divine et les merveilles de la création

Archange Raphaël,

Vigilant gardien de notre santé et de notre bien-être, nous implorons ton aide pour nous protéger de toutes les afflictions physiques, psychologiques et émotionnelles susceptibles de perturber notre équilibre et notre joie de vivre. Octroie-nous la force intérieure et la résilience nécessaires pour affronter les défis de la vie et pour maintenir notre santé dans toutes les situations auxquelles nous sommes confrontés.

Guide-nous dans nos choix quotidiens, afin que nous puissions adopter un mode de vie sain et équilibré, en harmonie avec les lois de la nature et les principes divins. Ainsi, nous pourrons profiter d'une vie longue, heureuse et épanouissante. Inspire-nous à prendre soin de notre corps, en nous nourrissant de manière adéquate, en pratiquant régulièrement une activité physique et en nous reposant suffisamment. Aide-nous également à cultiver un esprit serein et une âme apaisée, en nous consacrant à la méditation, à la prière et à la contemplation.

Archange Raphaël, enseigne-nous à être attentifs aux signes et aux messages que notre corps nous envoie, afin que nous puissions agir rapidement pour prévenir ou guérir les déséquilibres et les maladies qui peuvent survenir. Accorde-nous la sagesse pour reconnaître les bienfaits des traitements naturels et holistiques, tout en acceptant l'aide de la médecine moderne lorsque cela est nécessaire.

Dans nos moments de vulnérabilité et de faiblesse, que ta présence guérisseuse et ton amour incommensurable nous enveloppent, nous soutiennent et nous réconfortent, nous offrant un bouclier protecteur contre les maux qui assaillent notre corps, notre esprit et notre âme. Que ton intervention bienveillante nous aide à surmonter les obstacles et à trouver la voie de la guérison, du rétablissement et de la pleine santé.

Archange Raphaël, nous te remercions pour ton soutien constant et ton amour inépuisable, qui sont pour nous une source d'espoir et d'inspiration dans notre quête de bien-être et de vitalité. Grâce à ton intercession, puissions-nous devenir des exemples vivants de santé et d'épanouissement pour tous ceux qui croisent notre chemin.

Amen.

Confiance renouvelée

Retrouver l'assurance et la foi en soi-même

Archange Raphaël,

Guide éclairé et soutien infaillible, nous t'implorons aujourd'hui de nous assister dans notre quête de confiance en nous-mêmes et en nos capacités. Dans un monde où le doute et l'incertitude semblent régner, accorde-nous la force de croire en nos talents et notre potentiel, et guide-nous sur le chemin du succès et de l'épanouissement.

Archange bienveillant, aide-nous à surmonter les peurs et les appréhensions qui entravent notre progression.
Permets-nous de nous débarrasser du poids des échecs passés et des erreurs commises, pour ainsi avancer avec courage et assurance.
Inspire-nous à persévérer face aux défis, et soutiens-nous dans notre détermination à atteindre nos objectifs.

Que ta présence réconfortante et ton amour inépuisable nous rappellent sans cesse que nous sommes soutenus et guidés dans nos efforts.
Enracine en nous une foi inébranlable en notre propre valeur et en notre capacité à surmonter les obstacles qui se dressent devant nous.

Archange Raphaël,

Nous te remercions pour ton soutien constant et ta guidance infinie. Puissions-nous, avec ton aide, retrouver notre confiance et notre foi en nous-mêmes, et avancer sur le chemin de la réussite et de l'épanouissement, pour la gloire de Dieu et le bien de notre prochain.

Ainsi soit-il.

Prospérité et abondance infinies

Implorer l'Archange Raphaël de nous aider à trouver un emploi, un logement et des moyens de subsistance

Archange Raphaël,

Généreux dispensateur de bénédictions et pourvoyeur inépuisable de ressources, nous t'implorons de nous épauler dans notre quête d'un emploi, d'un logement et des moyens de subsistance nécessaires pour mener une vie épanouissante et prospère. Accorde-nous la ténacité, l'enthousiasme et l'ingéniosité pour explorer toutes les possibilités qui s'offrent à nous, et pour discerner celles qui répondent le mieux à nos besoins et à nos aspirations.

Guide-nous dans l'élaboration de stratégies efficaces pour nous mettre en valeur sur le marché du travail, et inspire-nous à développer nos compétences et nos talents afin d'augmenter nos chances de succès. Accorde-nous également la perspicacité pour identifier les opportunités de logement adaptées à notre situation, qui nous offriront un foyer sûr et confortable où nous pourrons nous épanouir.

Enseigne-nous à cultiver un esprit de gratitude et de générosité, afin que nous puissions partager avec les autres les dons et les bénédictions que nous recevons. Aide-nous à demeurer confiants et résilients face aux obstacles et aux défis qui jalonnent notre parcours, en gardant à l'esprit que ton soutien et ton amour nous permettent de surmonter toutes les épreuves.

Archange Raphaël, que ta présence bienveillante et ton amour incommensurable nous guident vers l'abondance, la sécurité et la prospérité dans tous les aspects de notre existence. Accorde-nous la sagesse pour gérer nos ressources avec discernement et responsabilité, et pour reconnaître les occasions de contribuer au bien-être de notre communauté et de notre monde. Nous te remercions, Archange Raphaël, pour ton intervention divine, qui nous conduit vers l'épanouissement et la réalisation de nos rêves et de nos objectifs.

Par ton intercession, puissions-nous devenir des exemples vivants de prospérité et d'abondance, inspirant ceux qui nous entourent à poursuivre leurs propres aspirations avec foi et détermination.

Amen.

Paix intérieure

Résolution des conflits et l'atteinte de la paix intérieure

Archange Raphaël,

Expert en harmonie et en quiétude, nous venons à toi aujourd'hui pour te demander de remplir nos cœurs et nos esprits de la paix intérieure et de la lucidité nécessaires pour affronter et résoudre les conflits qui surgissent dans nos vies. Accorde-nous la patience, la sagesse et l'humilité pour écouter attentivement les autres, pour mieux comprendre leurs points de vue et pour pardonner sincèrement, afin que nous puissions rétablir l'équilibre, l'harmonie et la cohésion dans nos relations et notre environnement.

Aide-nous à reconnaître et à accepter nos propres imperfections et celles des autres, et à voir au-delà des différences superficielles pour saisir la véritable essence de chaque individu. Enseigne-nous à communiquer avec compassion et empathie, en choisissant des mots qui apaisent plutôt que des mots qui blessent, et en cherchant des solutions qui prennent en compte les besoins et les aspirations de toutes les parties concernées.

Archange Raphaël, puisses-tu nous guider à travers les moments difficiles, en nous montrant comment transformer les conflits en opportunités de croissance et d'apprentissage pour toutes les personnes impliquées. Fais de nous des instruments de paix, en nous aidant à répandre l'amour, la tolérance et la compréhension dans notre entourage.

Aide-nous également à nous libérer des rancunes et des regrets du passé, afin que nous puissions avancer avec légèreté et sérénité, en étant pleinement présents à chaque instant de notre vie. Accorde-nous la force et la persévérance pour surmonter les défis qui se dressent sur notre chemin, en nous appuyant sur ta guidance et ton soutien infaillibles.

Archange Raphaël, que ta présence bienveillante, ton amour réparateur et ta sagesse infinie nous guident et nous inspirent à chaque étape de notre quête de paix intérieure, de réconciliation et d'unité. Que ta lumière divine illumine notre chemin et éclaire notre esprit, afin que nous puissions devenir des exemples vivants de paix et d'harmonie pour ceux qui nous entourent.

Ainsi soit-il.

L'ARCHANGE GABRIEL

L'archange Gabriel est l'un des archanges les plus importants et les plus reconnus de la tradition chrétienne. Il est souvent décrit comme le messager de Dieu et est étroitement associé à la communication et à la révélation de la volonté divine. Voici un aperçu de l'archange Gabriel dans la religion chrétienne, abordant son identité, ses fonctions, ses représentations et son histoire.

- Qui est l'archange Gabriel ? L'archange Gabriel, dont le nom signifie "Dieu est ma force" ou "la force de Dieu", est l'un des sept archanges majeurs de la tradition chrétienne. Gabriel est souvent considéré comme le principal messager de Dieu et est chargé de transmettre la parole et la volonté divines aux humains.
- Rôles et fonctions Dans la tradition chrétienne, Gabriel est surtout connu pour son rôle d'annonciateur et de messager. Il apparaît dans plusieurs textes bibliques et est chargé de délivrer des messages importants de Dieu aux humains. Les deux apparitions les plus célèbres de Gabriel sont décrites dans le Nouveau Testament. Dans l'Évangile de Luc, il annonce à Zacharie la naissance de Jean-Baptiste et à Marie la naissance de Jésus. Ces deux annonces sont essentielles pour comprendre l'histoire du salut chrétien.

Gabriel est également associé à la prophétie et à la communication entre Dieu et les prophètes. Dans l'Ancien Testament, il est mentionné dans le Livre de Daniel, où il aide Daniel à comprendre les visions qu'il a reçues et à interpréter les prophéties concernant l'avenir.

- Représentations et symboles L'archange Gabriel est souvent représenté avec des ailes, symbolisant son rôle de messager céleste.
- Il est généralement vêtu de longs vêtements blancs, reflétant sa pureté et sa sainteté. Dans les représentations artistiques, il porte souvent une trompette ou un lys, symboles de l'annonce et de la pureté, respectivement.
- Histoire et tradition La vénération de l'archange Gabriel remonte aux premiers siècles du christianisme. Il est considéré comme un saint dans les Églises catholique, orthodoxe et anglicane. Dans la tradition catholique, la fête de l'archange Gabriel est célébrée le 29 septembre, en même temps que celles des archanges Michel et Raphaël, lors de la fête des saints archanges.
- Prières et dévotion Les prières adressées à l'archange Gabriel sont souvent centrées sur la communication, la guidance et la révélation de la volonté divine. Les fidèles peuvent invoquer l'aide de Gabriel pour recevoir des messages divins, pour trouver la direction et l'inspiration dans leur vie, ou pour aider à la conception et à la naissance d'un enfant. Gabriel est également souvent invoqué pour protéger et guider les artistes et les communicateurs.

En conclusion, l'archange Gabriel occupe une place centrale dans la tradition chrétienne en tant que messager de Dieu et annonciateur des événements qui ont façonné l'histoire du salut. Sa présence et son influence peuvent être ressenties dans les textes bibliques, les prières, les représentations artistiques et les croyances populaires qui entourent sa figure. Gabriel est invoqué pour faciliter la communication et la compréhension de la volonté divine, ainsi que pour offrir protection et guidance aux individus dans leur vie quotidienne.

- Influence culturelle et interreligieuse L'archange Gabriel a également une portée interreligieuse et transcende les frontières du christianisme. Il est présent dans le judaïsme et l'islam, où il joue également un rôle de messager divin.

Dans la tradition juive, Gabriel est mentionné dans le Livre de Daniel et est considéré comme l'un des archanges qui interviennent dans les affaires humaines. Il est également présent dans la littérature juive apocryphe et les écrits rabbiniques.

En islam, Gabriel, appelé "Jibril" en arabe, occupe une place de premier plan en tant que messager et confident du prophète Mahomet. Il est l'ange qui a révélé les versets du Coran à Mahomet et qui l'a guidé tout au long de sa mission prophétique. Gabriel est également mentionné dans plusieurs hadiths, qui sont des récits de la vie du prophète Mahomet.

Cette influence culturelle et interreligieuse témoigne de la place de l'archange Gabriel dans l'imaginaire collectif et la foi de plusieurs traditions religieuses. Sa figure emblématique et son rôle de messager céleste ont traversé les siècles et continuent d'inspirer les croyants et les chercheurs spirituels de diverses traditions.

En somme, l'archange Gabriel est un personnage essentiel dans la tradition chrétienne, ainsi que dans d'autres religions abrahamiques. En tant que messager de Dieu, il est au cœur de nombreuses histoires et croyances qui façonnent la foi et la spiritualité des chrétiens et des croyants d'autres traditions. Les prières et les dévotions à l'archange Gabriel sont autant de témoignages de l'importance de sa présence et de son rôle dans la vie des croyants et de la communauté spirituelle en général.

Rayons de lumière divine

Soutien pour discerner et accomplir la volonté de Dieu

Ô Archange Gabriel, messager céleste et rayon lumineux,
Nous nous tournons vers toi avec humilité et respect,
Guide-nous dans notre quête pour discerner la volonté
divine,
Et apporte-nous ton soutien pour accomplir notre mission
sur cette terre.

Aide-nous à écouter attentivement la voix de Dieu,
À travers les murmures du vent et les échos de notre cœur,
Montre-nous le chemin à parcourir et les pas à suivre,
Afin que nous puissions être de fidèles serviteurs de l'amour
divin.

Dans les moments de doute et d'incertitude,
Éclaire nos pensées avec la sagesse infinie de l'Esprit,
Et permets-nous de discerner les signes et les merveilles,
Qui nous guideront vers notre véritable vocation.

Archange Gabriel, guide-nous dans notre cheminement
spirituel,
Afin que nous puissions servir Dieu avec amour et dévotion,
Et transmettre à notre tour l'amour divin à ceux qui en ont
besoin,

Ainsi soit-il.

Annonce des bénédictions

Réception et partage de bonnes nouvelles

Archange Gabriel,
Porteur de bonnes nouvelles et de bénédictions,
Nous te prions d'ouvrir nos cœurs et nos esprits
à la grâce divine,
Accorde-nous la joie de recevoir et de partager des nouvelles
heureuses, Et de répandre l'amour de Dieu à travers les mots
et les actes.
Fais de nous des messagers de l'espérance et de la consolation,
Apportant réconfort et encouragement à ceux qui souffrent,
Aide-nous à annoncer les bénédictions de Dieu avec
enthousiasme et gratitude,
Et à réjouir les cœurs de nos frères et sœurs en Christ.

Enseigne-nous à apprécier les dons que Dieu nous accorde,
Et à les utiliser pour le bien de tous,
Afin que nous puissions témoigner de la générosité et de la
bonté du Seigneur,
Et contribuer à l'avènement de son règne sur la terre.

Archange Gabriel, intercède en notre faveur,
Afin que nous puissions être des témoins vivants
de la grâce de Dieu,
Et des messagers de paix, d'amour et de réconciliation, Dans
un monde qui a tant besoin d'espérance et de guérison,

Amen.

Graines d'amour divin

Fertilité et bénédiction pour les couples désirant un enfant

Archange Gabriel,

Ange de l'amour, de la vie et de la procréation,
Nous nous présentons devant toi, porteurs d'un désir ardent,
De concevoir un enfant, fruit de notre amour et de notre foi,
Et de participer ainsi à la création divine avec gratitude et
humilité.

Toi qui as annoncé à la Vierge Marie la venue du Sauveur,
Accorde-nous la grâce de concevoir une vie nouvelle,
Un enfant béni, qui grandira dans la foi,
l'espérance et l'amour,
Guidé par la lumière de Dieu et les enseignements de son Fils.

Fais de nous des parents aimants, patients et dévoués,
Capables d'éduquer notre enfant selon
les valeurs chrétiennes,
Et de lui transmettre la foi en Dieu, l'amour du prochain et le
respect de la vie,
Afin qu'il puisse à son tour témoigner de la bonté divine.

Archange Gabriel, intercède pour nous auprès du Père,
Et accorde-nous la grâce d'une famille unie et féconde,
Où chaque membre puisse s'épanouir dans l'amour,
la joie et la paix,
Et marcher ensemble vers la rencontre avec notre Créateur,

Amen.

Flambeau de la sagesse

Guidance dans les études et l'acquisition de connaissances

Archange Gabriel,

Porteur de la flamme de la connaissance et de la sagesse
divine,
Illumine nos esprits et nos cœurs dans notre quête de savoir
et de compréhension,
Aide-nous à percer les mystères de la création et à
approfondir notre foi, Et fais de nous des étudiants dévoués
et persévérants.
Accorde-nous la capacité de discerner la vérité dans un
monde de confusion,
Et la force de résister aux tentations de l'ignorance et du
mensonge,
Apprends-nous à utiliser notre savoir pour le bien de
l'humanité,
Et à mettre notre intelligence au service de Dieu et de nos
frères et sœurs.
Fais de nous des chercheurs de lumière, animés par la
curiosité et l'émerveillement,
Désireux d'apprendre et de grandir sans cesse dans la
connaissance de Dieu,
Et de partager avec les autres les trésors de sagesse que nous
avons découverts,
Pour que tous puissent connaître et aimer notre Créateur.
Archange Gabriel, guide-nous sur le chemin de
la sagesse et de la vérité,
Et fais de nous des témoins éclairés et humbles
de l'amour divin,
Afin que nous puissions contribuer à l'avènement d'un
monde plus juste et éclairé,
Où règnent la paix, la justice et la fraternité,
Amen.

Chemins sacrés
Protection pour les voyageurs et les pèlerins

Archange Gabriel,

Gardien des routes célestes et protecteur des voyageurs, Nous te confions notre parcours et notre quête spirituelle, Guide-nous avec ta lumière et ta présence tout au long de notre chemin, Et enveloppe-nous de ta protection, afin que nous atteignions notre destination en toute sécurité.

Toi qui as porté les messages divins à travers les âges, Inspire-nous et fortifie notre foi lors de nos pèlerinages et voyages, Aide-nous à nous ouvrir à la rencontre avec l'autre et à la découverte de la beauté de la création, Et à grandir dans notre relation avec Dieu et notre compréhension de son amour.

Fais de nous des témoins de l'espérance et de la paix dans un monde divisé, Et des porteurs de la bonne nouvelle de l'amour de Dieu pour tous ses enfants, Accorde-nous la grâce de revenir chez nous enrichis et transformés, Et de partager les fruits de notre voyage avec nos proches et notre communauté.

Archange Gabriel, veille sur nos déplacements et garde-nous des dangers, Que nos pas soient guidés par la sagesse divine et nos cœurs remplis de gratitude, Et qu'à chaque étape de notre voyage, nous puissions ressentir la présence de Dieu, Et nous rapprocher de lui dans la prière, la contemplation et l'amour, Amen.

Rempart de courage
Force pour surmonter les défis et les peurs

Archange Gabriel,

Bastion de force et de courage dans les moments de détresse, Nous te prions de venir à notre aide lorsque nous sommes confrontés aux épreuves et aux tempêtes de la vie, Donne-nous la force d'affronter nos peurs et nos doutes avec assurance et détermination, Et la sagesse de discerner le chemin à suivre pour surmonter les obstacles et les tentations.

Toi qui as annoncé la venue du Christ et soutenu les héros de la foi, Guide-nous dans notre lutte contre les forces du mal et l'obscurité qui menacent notre âme, Aide-nous à nous appuyer sur la puissance de Dieu et la protection de son amour, Et à combattre avec courage et persévérance pour la justice, la paix et la vérité.

Fais de nous des témoins intrépides et lumineux de l'amour de Dieu dans un monde en proie au désespoir, Et des artisans de réconciliation, de pardon et de guérison pour les blessures de nos frères et sœurs, Accorde-nous la grâce de ne jamais céder à la peur ou à la découragement, Et de puiser notre force et notre espérance dans la présence de Dieu et la communion des saints.

Archange Gabriel, soutiens-nous dans notre combat et veille sur nos âmes, Que nos cœurs soient remplis de courage et nos esprits guidés par la lumière divine, Et qu'à travers les épreuves et les tribulations de notre existence, nous puissions grandir en sainteté et en amour, Et atteindre la plénitude de la vie et la joie éternelle auprès de notre Créateur,
Amen.

Baume des cœurs blessés

Consolation et réconfort dans les moments de tristesse ou de deuil

Archange Gabriel,

Messager de l'espérance et consolateur des âmes affligées, Nous t'invoquons dans ces moments de tristesse, de chagrin et de deuil, Apporte-nous le réconfort et la paix dans notre détresse, et allège le poids de notre peine, Que ta présence bienveillante et tes mots de consolation soient notre refuge et notre soutien.

Toi qui as annoncé la naissance du Sauveur et la promesse de la résurrection, Aide-nous à trouver l'espérance et la foi dans les moments sombres et les épreuves de la vie, Rappelle-nous la miséricorde et l'amour de Dieu, qui transforme nos larmes en perles de joie, Et fais grandir en nous la confiance en sa volonté et en la promesse de la vie éternelle.

Fais de nous des témoins de la compassion et de l'amour de Dieu pour les personnes souffrantes, Et des porteurs de réconfort et d'espérance pour ceux qui traversent les vallées de l'ombre et de la mort, Accorde-nous la grâce de soutenir et d'accompagner nos frères et sœurs dans leur chagrin, Et de les aider à trouver la force et la lumière pour continuer leur chemin.

Archange Gabriel, consolateur des cœurs brisés, soutiens-nous dans nos moments de peine, Que nos âmes soient apaisées et nos esprits éclairés par la sagesse divine, Et qu'à travers les tempêtes et les épreuves de notre existence, nous puissions grandir en foi, en amour et en espérance, Et partager un jour la joie et la paix éternelles auprès de notre Créateur,
Amen.

Bouclier divin

Protection contre les forces du mal et les tentations

Archange Gabriel, défenseur céleste et champion de la lumière contre les ténèbres, Nous te demandons de nous protéger contre les forces du mal et les tentations qui nous assaillent, Dresse autour de nous un rempart de protection, et repousse loin de nous les embûches et les pièges de l'ennemi, Que ta puissance et ta vigilance soient notre bouclier et notre force dans la bataille spirituelle.

Toi qui as annoncé la venue du Messie et la victoire sur le mal et la mort, Aide-nous à rester fermes et courageux dans notre combat contre le péché et les tentations, Rappelle-nous la force et la puissance de l'amour de Dieu, qui triomphe sur toutes les forces du mal, Et fais grandir en nous la foi et la détermination pour résister à l'ennemi et vaincre les ténèbres.

Fais de nous des témoins de la lumière et de la vérité dans un monde égaré et soumis aux illusions, Et des guerriers de la paix et de la justice pour libérer les captifs et briser les chaînes de l'oppression, Accorde-nous la grâce de nous engager avec ferveur et persévérance dans le combat pour le bien et la vérité, Et de nous appuyer sur la force de Dieu et l'intercession des saints pour terrasser le mal et construire le Royaume.

Archange Gabriel, protecteur invincible, garde-nous des forces du mal et des tentations de la vie, Que nos cœurs soient affermis et nos esprits éclairés par la lumière divine, Et qu'à travers les batailles et les épreuves de notre existence, nous puissions grandir en sainteté et en amour, Et partager un jour la victoire et la gloire éternelles auprès de notre Créateur, Amen.

Étreinte guérisseuse

Soutien pour les malades, en particulier ceux qui souffrent de troubles mentaux ou émotionnels

Archange Gabriel,

Source de guérison et de réconfort pour les malades et les souffrants, Nous te prions d'étendre tes mains bienveillantes sur ceux qui sont atteints de maladies mentales ou émotionnelles, Apporte-leur la guérison, la paix et la sérénité dont ils ont tant besoin, Que ta présence et ton amour soient un baume apaisant pour leurs corps, leurs âmes et leurs esprits.

Toi qui as annoncé la venue du Christ, le Médecin des âmes et des corps, Aide-nous à être attentifs et compatissants envers ceux qui luttent contre la souffrance intérieure, Rappelle-nous la tendresse et la miséricorde de Dieu, qui guérit les blessures et redonne l'espérance, Et fais grandir en nous la foi et la charité pour soutenir et accompagner nos frères et sœurs dans leur épreuve.

Fais de nous des instruments de la guérison et de l'amour de Dieu pour les personnes en détresse, Et des témoins de l'espérance et de la résurrection pour ceux qui se sentent perdus et abandonnés, Accorde-nous la grâce de partager avec générosité et humilité les dons de la guérison et du réconfort, Et de contribuer à la restauration de la santé et de la joie de vivre pour ceux qui souffrent.

Archange Gabriel, guérisseur divin, soutiens-nous dans notre mission de compassion et de guérison, Que nos cœurs soient remplis de bonté et nos esprits guidés par la sagesse divine, Et qu'à travers notre engagement envers les malades et les souffrants, nous puissions refléter l'amour et la miséricorde de Dieu, Et participer à l'œuvre de rédemption et de salut pour toute l'humanité,

Amen.

Célébration de la création

Louange et adoration pour la grandeur de Dieu et les merveilles de sa création

Archange Gabriel,

Héraut de la gloire divine et chantre des louanges célestes, Nous t'élevons nos voix et nos cœurs en actions de grâce pour la grandeur de Dieu et les merveilles de sa création, Fais retentir en nous le chant de la louange et de l'adoration, et unis notre prière à celle des anges et des saints, Que notre reconnaissance et notre amour soient un hymne de gloire et de gratitude pour notre Créateur et Seigneur.

Toi qui as annoncé la venue du Verbe incarné, par qui toutes choses ont été créées, Aide-nous à contempler avec émerveillement et respect les splendeurs de l'univers et les richesses de la vie, Rappelle-nous notre responsabilité et notre vocation en tant que gardiens et intendants de la création de Dieu, Et fais grandir en nous la sagesse et l'amour pour préserver et partager les dons de la terre et du ciel.

Fais de nous des témoins de la beauté et de la bonté de Dieu pour toutes les créatures, Et des artisans de la paix, de la justice et de l'harmonie entre les peuples et la nature, Accorde-nous la grâce de célébrer avec joie et gratitude les merveilles de la création et les signes de la présence de Dieu, Et de nous unir dans la louange et l'adoration avec les anges, les saints et toutes les créatures du cosmos.

Archange Gabriel, chantre de la gloire divine, guide-nous dans notre prière de louange et d'adoration, Que nos cœurs soient élevés et nos esprits transportés par la beauté et la majesté de Dieu, Et qu'à travers notre contemplation et notre action, nous puissions participer à l'œuvre de la création et de la rédemption, Et partager un jour la joie et l'allégresse éternelles auprès de notre Créateur,

Amen.

CONCLUSION

Au terme de ce voyage spirituel à travers les écrits et les prières dédiées aux archanges de Dieu, il convient de prendre un moment pour réfléchir sur les enseignements, les expériences et les transformations qui ont jalonné notre parcours. En nous rapprochant des archanges et en approfondissant notre relation avec eux, nous avons ouvert notre cœur et notre esprit à une réalité spirituelle plus vaste et plus lumineuse, où la présence et l'action de ces êtres de lumière et d'amour peuvent nous aider à grandir, à guérir et à nous épanouir en tant qu'enfants de Dieu.

En parcourant les pages de ce livre, nous avons découvert les différentes facettes et les multiples dimensions de la mission et du ministère des archanges, et nous avons appris comment les solliciter et les invoquer pour recevoir leur soutien, leur guidance et leur protection dans les divers aspects de notre vie. Nous avons également été invités à contempler et à méditer sur les attributs divins, les qualités spirituelles et les vertus morales que les archanges incarnent et reflètent, afin de nous inspirer et de nous motiver à cultiver ces mêmes qualités et vertus dans notre propre vie et notre propre cheminement.

En conclusion, il est important de se rappeler que la véritable essence et la finalité de notre relation avec les archanges résident dans notre capacité à nous connecter et à nous aligner sur la source divine, l'amour infini et la sagesse éternelle qui les animent et les soutiennent. Les archanges sont des messagers et des intercesseurs de Dieu, des guides spirituels et des compagnons de route qui nous accompagnent et nous encouragent dans notre quête de sainteté, de plénitude et de communion avec le divin.

Il convient également de souligner que notre relation avec les archanges ne doit jamais se substituer à notre relation avec Dieu, ni devenir une fin en soi. Les archanges sont là pour nous rapprocher de Dieu, pour nous aider à mieux comprendre et à mieux vivre les enseignements et les commandements divins, et pour nous soutenir dans notre désir de servir Dieu et de contribuer au bien-être et à l'épanouissement de nos frères et sœurs en humanité.

Enfin, il est essentiel de cultiver un esprit de gratitude, de reconnaissance et de louange envers Dieu et les archanges, pour les innombrables grâces, bénédictions et miracles qui se manifestent dans notre vie et dans notre monde, grâce à leur intervention et à leur amour incommensurable. En rendant grâce et en célébrant les dons de la vie, de la nature et de la création, nous nous élevons au-dessus des limites de notre condition humaine et nous nous ouvrons à la réalisation de notre véritable identité et de notre vocation en tant qu'enfants de Dieu, appelés à vivre et à témoigner de l'amour, de la justice et de la paix qui émanent de notre Créateur et de notre Père céleste.

Puisse ce livre continuer à vous inspirer, à vous guider et à vous accompagner dans votre cheminement spirituel, et à renforcer votre foi, votre espérance et votre amour envers Dieu et les archanges.

Chers lecteurs,

Nous espérons sincèrement que ce recueil de prières dédié aux archanges vous a procuré réconfort, inspiration et épanouissement spirituel. Notre engagement à partager la foi et la spiritualité ne s'arrête pas ici ; nous poursuivons notre mission sur notre chaîne YouTube et Tiktok. Vous y découvrirez une multitude de ressources, telles que des prières inédites, des ouvrages religieux enrichissants et des chants spirituels pour approfondir votre foi et votre dévotion.

Nous vous encourageons à vous y abonner pour soutenir notre noble mission et nous permettre de continuer à vous offrir un éventail toujours plus large de prières et de ressources spirituelles pour nourrir votre âme. C'est gratuit et cela nous soutien énormément !

Que Dieu vous bénisse abondamment et que Sa grâce vous guide et vous accompagne tout au long de votre parcours spirituel.

TOME I

PRIÈRES DE LUMIÈRE
Invoquez la grâce divine

Ce livre est un recueil des prières les plus inspirantes adressées aux saints importants de l'Église. Avec une sélection judicieuse de prières pour chaque saint, ce livre vous offre la possibilité de faire appel à leur intercession pour toutes les situations de la vie quotidienne, qu'il s'agisse de demander la guérison d'une maladie, la protection contre les obstacles, la force pour faire face aux défis, la compréhension de la Parole de Dieu, ou tout autre besoin.

Chaque prière est développée avec soin pour faire référence à l'histoire et aux enseignements de la Bible, pour une expérience spirituelle encore plus profonde. Un guide précieux pour tous ceux qui cherchent à renforcer leur foi et à développer leur connexion à la grâce divine, au travers de ceux qui ont marqué l'histoire de la chrétienté.

Printed by Amazon Italia Logistica S.r.l.
Torrazza Piemonte (TO), Italy